DÉFI

AUX ADVERSAIRES

DE LA

LÉGITIMITÉ

PARIS. IMPRIMERIE DE J.-B. GROS,
rue du Foin-St-Jacques, 18.

DÉFI

AUX ADVERSAIRES

DE LA

LÉGITIMITÉ

PAR

ANGE DES URSINS

Droit en avant et le front découvert,

Première Partie.
Le Comte de Chambord.

Seconde Partie
Le Droit national.

PARIS

ALLOUARD ET KAEPPELIN

Libraires-Éditeurs-commissionnaires

SUCCESSEURS DE P. DUFART ET DE GABRIEL WARÉE

12, RUE DE SEINE

1850

AVANT-PROPOS.

Aux époques de transformation où la civilisation, fille du christianisme, s'arrachait péniblement, au milieu des enfantements de la philosophie, aux dernières convulsions de la barbarie expirante, des hommes de cœur s'en allaient chercher, dans les longues et pénibles excursions d'un saint pèlerinage, les consolantes inspirations du dévouement et de la foi.

C'est ainsi que l'âme attristée par les souffrances et les malheurs de ma patrie, l'esprit tourmenté par le doute entre les appréciations contradictoires de l'opinion publique sur le royal proscrit, et les interprétations rivales données à ses opinions comme à ses volontés, je suis parti vers les rivages de l'exil, voir par moi-même, le petit-fils d'Henri IV, dont la France a salué la naissance providentielle sur le bord d'un tombeau.

Dans notre siècle d'indifférence et de scepticisme, où l'histoire s'écrit avec le pamphlet des révolutions, c'est un devoir de conscience et de patriotisme, pour les hommes de principes, de se montrer les adversaires acharnés de l'erreur et du mensonge, en face de ce peuple dont les souffrances ont soif de la vérité.

Aux lâches calomnies de la haine, il faut le stigmate du démenti; aux préventions de l'ignorance, il faut les enseignements de la réfutation; il faut enfin aux souffrances de ces deshérités du monde que la gloire du travail a consacrés, les souvenirs d'un passé méconnu, les consolations de la vérité, et l'avenir d'une espérance.

Aux stupides ironies de ceux qui n'ont à la place du cœur que l'égoïste vanité de se croire de l'esprit, et qui n'ont pas même l'instinct de ce patriotisme qui n'est que la politesse du citoyen, il n'est pas d'autre réponse que l'aumône de la pitié.

Quant aux nombreuses victimes de l'impénitence politique et de cette léthargie de l'indifférence, plaie de notre époque, qui commence la décadence et l'agonie des nations aussi bien que des sociétés, il faut les réchauffements de ces convictions inébranlables dont l'amour de la patrie est la plus haute inspiration.

Observateur attentif, je dirai, sans réticence comme sans prétention, tous les souvenirs, toutes les impressions qui m'ont frappé dans mon lointain voyage.

Simple narrateur de ce que mes yeux ont pu voir, de ce que mes oreilles ont entendu, je ne ferai que rappeler en toute occasion cette consécration solennelle du droit national, cette logique infaillible de notre histoire, qui seule peut être la solution de tous les problèmes, de toutes les utopies, et mettre fin à cette halte de la France dans le malheur et dans la honte.

Après quelques coups de feu dans la polémique ardente du journalisme, c'est, sur le terrain de la publicité, le début d'une plume de 28 ans, inspiré par l'énergie de convictions sincèrement libérales et l'amour de la vérité.

Nul, en effet, ne pourra s'arroger le droit de me traiter d'absolutiste et de courtisan ; ce n'est pas à mon âge qu'on peut encourir ces qualifications surannées, puisque les premiers mots qui frappèrent l'enfance de ma raison, n'étaient que ceux d'exil et de proscription, qu'une poignée de révolutionnaires enivrés vociféraient contre cette monarchie de qnatorze siècles, sous laquelle la France conquit son magnifique territoire à travers le monde.

Je préfère, du reste, être le courtisan fidèle et désintéressé de l'exil et du malheur, que le vil et cupide adulateur de ces passions populaires lâchement exploitées par tous ces infâmes roitelets de la démagogie qui, une fois au pinacle, ne sont plus que des tyrans démasqués.

On m'objectera peut-être que j'arrive bien tard après tant d'éminents historiographes : ma réponse est facile, c'est que j'espérais toujours voir profiter de ces occasions de dire la vérité sur le comte de Chambord, pour aborder de front cette grande question des principes constitutifs de la France, que le peuple tout entier embrasserait avec amour, si la propagande de la vérité était aussi ardente que celle de l'anarchie. Je devais donc attendre, pour essayer de ressusciter les traditions nationales des tombes de l'oubli.

En concourant à cette mission, c'est prouver à ce peuple déshérité par les utopies révolutionnaires, qu'il est encore en France une jeune et chaleureuse génération, résolue à dire bien haut et sans cesse la raison d'être de convictions, et à consacrer sa vie, son intelligence, tout

son cœur à défendre cet héritage séculaire et imprescriptible de la tradition du droit national.

Libéral avant tout, et conséquemment impartial, je me
sentirais heureux et fier d'avoir pu convertir à la vérité
politique un seul de ces hommes dont l'âme est tristement
abandonnée à la léthargie de l'indifférence, au martyr du
scepticisme, aux antipathies de la prévention ou aux
fureurs de la haine.

Puisse cette ambition d'un ardent patriotisme, stimuler
le zèle de tous ceux qui comprendront enfin l'urgente
nécessité d'une si belle croisade, d'où dépendent l'avenir
de la civilisation, de la société, et le salut de la France !...

PREMIÈRE PARTIE.

◄◊►

LE COMTE DE CHAMBORD.

Je réponds de lui cœur pour cœur,
corps pour corps à la France.
Marquis de DREUX-BREZÉ.

CHAPITRE Iᵉʳ.

Premières impressions. — La Comtesse de Chambord. — Rencontre d'un grand seigneur. — Appréciation des étrangers sur la France.

Le voyageur qui franchit les frontières de sa patrie, ne peut se défendre d'une émotion douloureuse en les voyant s'éloigner et bientôt disparaître, pour ne plus lui montrer tout autour de lui que les tristes isolements de la terre étrangère.

Mais c'est surtout en quittant la France pendant ces épreuves qui ruinent sourdement toutes ses forces vitales, qu'on comprend tout ce qu'il y a de regrets et d'amertume dans la vie de l'exilé.

L'esprit rêveur et attristé se reporte involontairement à cette époque de terreur et de sang où le patriotisme n'avait plus que l'exil pour échapper à l'échafaud.

Je pensais à ces malheureux proscrits condamnés aux angoisses de l'exil pour ne pas disparaître

1.

dans ces torrents de sang qui ne leur laissaient même plus dans leur patrie une pierre de tombeau où reposer leur tête.

Je pesais la culpabilité terrible de ces pourvoyeurs de l'échafaud, forçant ainsi des Français à sauver quelques lambeaux de la patrie sur la terre étrangère.

Pèlerin solitaire, j'allais voir moi-même d'autres exilés, victimes d'une autre révolution, moins sanglante peut-être, mais tout aussi coupable du crime de lèse-nation.

Ce fut au milieu de ces impressions que je quittai cette France, mourant de componction dans la stagnation d'un *statu quo* révolutionnaire, grâce à la politique désastreuse des expédients.

Pendant les longues heures de voyage, j'apercevais par la pensée ce territoire immense qui s'étend de la mer du Nord à la Méditerranée, et dont l'épée des Francs a conquis la nationalité, en arrachant son indépendance à la domination romaine.

France si glorieuse, si respectée pendant les quatorze siècles de monarchie, avec le cortége de ses grands génies, de ses assemblées générales, de sa prépondérance sur tous les continents, de son émancipation progressant avec la civilisation.

Pauvre France, aujourd'hui si malheureuse, si bouleversée, si déchue, depuis que pour lui imposer *le despotisme du mot* de liberté, une aristocratie d'ambitieux incompris a brisé, sans la consulter, le droit national de sa souveraineté.

Ma première station sur la terre étrangère fut une visite à madame la comtesse de Chambord : en me présentant à sa résidence, je demandai madame la duchesse de Lévi, dont je reçus le plus bienveillant accueil.

Une dignité pleine de la plus gracieuse simplicité, fait oublier dans madame la duchesse de Lévi, les dix-neuf années d'un exil dont le dévouement a voulu partager la tristesse et les regrets.

La première pensée qui vient à l'esprit, c'est de parler de la France : madame la duchesse de Lévi, parfaitement au courant de tout ce qui s'y passe, m'entretint du faubourg Saint-Antoine, un moment égaré par les chefs de l'anarchie, et redevenu aujourd'hui un des meilleurs de la capitale, comme esprit et comme sentiment. Elle m'exprima tout le bonheur que cette bonne nouvelle lui avait fait éprouver, rendant hommage à ces braves ouvriers, dont les souffrances si dignes d'attention n'ont pu altérer les sentiments élevés du cœur et l'ardent patriotisme.

M. le comte de Villaret-Joyeuse ayant été prévenu de mon arrivée, entra presque aussitôt pour me prévenir de l'heure à laquelle je pourrais être présenté à madame la comtesse de Chambord.

M. le comte de Villaret-Joyeuse était un marin de premier mérite sous la Restauration ; son abord est empreint de cette exquise politesse, d'autant plus distinguée, que les prétendus progrès de notre civilisation en ont rejeté le cachet dans le domaine des souvenirs et des exceptions traditionnelles.

L'inébranlable dévouement de ses convictions politiques participe à ce rigorisme militaire qui ne transige jamais avec le devoir ; mais une intelligence exclusivement absorbée par la noble ambition de voir ressusciter la toute-puissance maritime de la France, ne pourra se défendre d'un certain respect de prédilection pour les époques de notre histoire où cette toute-puissance a existé. Le souvenir de cette prépondérance glorieuse, toujours maintenue si haut par la monarchie légitime sur l'Europe et sur le monde, provoque, avec nos dix-neuf ans de décadence en face de l'étranger, un point de comparaison souverainement pénible pour le patriotisme de cette antique chevalerie qui sût mourir aux croisades, et dont les ancêtres se taillèrent la France à grands coups d'épée au milieu de la barbarie.

C'est donc toujours l'honneur de la France qu'on retrouve jusque dans ces opinions politiques, que le plus pur et le plus profond amour de la patrie élève chaque jour à la hauteur de ces grands principes de liberté, dont il est impossible à ces nobles intelligences de l'exil de ne pas comprendre l'impérieuse nécessité.

Le lendemain de ces premières entrevues, M. le comte de Villaret-Joyeuse me présenta à madame la comtesse de Chambord, qui me reçut avec ce sourire de gracieuseté et de bienveillance qu'on ne peut décrire, mais dont le cœur se souvient : on comprend de suite tout le bonheur qu'elle éprouve à voir un compatriote du comte de Chambord, un Français venu de France.

Pendant ces quelques instants d'entrevue, ce fut encore sur la France, ses souffrances, ses malheurs, et sur le royal exilé, que madame la comtesse de Chambord m'adressa la parole. Son regard expressif s'illumine de bonheur quand on prononce deux noms : celui de son époux et celui de sa patrie adoptive ; on devine les battements d'un cœur tout français qui partage les douleurs de l'exil, et l'énergie d'une âme capable d'héroïsme dans les solennelles épreuves d'un instant suprême.

Madame la comtesse de Chambord est d'une grâce parfaite dans sa taille majestueuse et bien proportionnée. Il y a dans toute sa personne, dans sa manière d'être, une dignité toute empreinte de cette bonté qui inspire l'affection en commandant le respect. — Le portrait en pied, gravé d'après la magnifique peinture de M. Pérignon, et exposé chez M. Jeanne, passage Choiseul, est parfaitement exact sous ce rapport, mais il n'a pu rendre toute cette expression d'esquise bienveillance, qu'un Français ne peut se défendre d'apprécier avec son cœur, en pensant à tout ce qu'il y a, dans cette princesse, de sympathie pour l'amour qu'Henri de Bourbon porte à la France.

Le hasard d'une heureuse rencontre devait, aussitôt après, me fournir une nouvelle preuve des idées généreuses et des sentiments élevés qui sont restés, malgré tout, jusque dans l'adversité, l'héritage imprescriptible de la maison de Bourbon.

En rentrant à l'hôtel, je vis un homme de belle taille, d'une figure martiale et distinguée, que j'entendis s'enquérir des heures des chemins de fer de la Belgique, sans pouvoir obtenir les renseignements qu'il désirait ; je m'empressai de les lui offrir, au moyen de mon *Manuel du Voyageur*, ce qu'il accepta avec beaucoup de gratitude, en montant avec moi dans ma modeste chambre de l'hôtel.

La conversation s'engagea peu à peu sur les voyages, et je lui avouai tout franchement mon intention d'aller voir le prince..... A ces mots, cet homme, que je voyais pour la première fois, me prit affectueusement les mains : « Vous se- » riez un ami de ma famille ? » me dit-il avec bonheur. Après un instant de silence, provoqué par l'hésitation de mon étonnement, il reprit, avec cet accent de tristesse et cette émotion profonde qui pénètrent le cœur : « Vous allez voir un exilé, un « proscrit... Dans le temps où nous vivons, on en « voit partout; j'en suis un moi-même; je suis « l'ancien grand-duc de Parme... je ne suis plus « qu'un honnête homme, Bourbon par le sang, « qui vais voir ma famille partout où le vent des « révolutions l'a jetée!... » Et les yeux de ce petit-fils d'Henri IV, que je voyais assis devant moi, et qui me pressait les mains du bonheur de rencontrer un jeune Français dévoué à sa famille, les yeux de cet autre proscrit s'efforçaient de ne pas verser des larmes !... Homme excellent, plein de générosité et de pardon pour ses ennemis, et dont l'effigie avait subi, dans le grand-duché de Parme, de la part de ces émeutiers cosmopolites, rebut de tous les pays, toutes les exécutions, toutes les infamies qu'ils destinaient à sa personne.

Il voulut bien me donner une place dans sa voiture. La route me parut bien courte pendant la conversation qui s'engagea sur toutes les actualités politiques , et dans laquelle l'auguste voyageur me montra l'âme la plus élevée et l'intelligence la plus riche d'aperçus et de judicieuses appréciations sur les évènements de France et d'Europe.

Nous descendîmes l'un et l'autre dans le même hôtel, le simple citoyen français, un étage au-dessus d'un Bourbon! A peine venais-je de le quitter, qu'il monta lui-même me rendre visite, affectueux comme un père; le lendemain matin, il me faisait réveiller par son valet de chambre, pour monter sur le bateau à vapeur qui descend à Cologne : il avait eu l'extrême bonté de renoncer aux steamers de la compagnie de Dusseldorf, qu'il préférait, pour voyager avec moi sur ceux de la compagnie de Cologne, où j'avais retenu ma place depuis Manheim.

Arrivé à Cologne, le beau-père de la sœur du comte de Chambord m'emmena visiter la gigantesque cathédrale, ses merveilleuses reliques et son trésor incomparable, ainsi que la maison où Rubens vint au monde, et où Marie de Médicis, la protectrice du grand peintre, quitta la vie si remplie, si orageuse qui fut sa destinée.

Le soir, nous nous dîmes adieu ; il m'embrassa, en m'exprimant ses regrets de ne pas m'avoir plus longtemps pour compagnon de voyage.

Afin de mieux encourir les misérables moqueries de ces révolutionnaires dont tous les sentiments se traduisent par la haine, et que je méprise de toute l'énergie de mon patriotisme, je m'honore de dire combien je me sentis le cœur douloureusement oppressé en me séparant de ce Bourbon, plein d'affection et de franchise, que j'avais rencontré à ma première station de l'exil : on serait heureux de vivre avec de tels hommes, et l'on devine bien là le cœur d'un Henri IV et d'un Louis XVI!...

En allant voir le Bourbon de France, j'ai eu le bonheur de rencontrer un Bourbon d'Espagne : j'ai donc pensé rester toujours dans mon sujet en racontant ce touchant épisode de voyage.

Je n'ai pu le passer sous silence, et si cette modeste brochure parvient à l'auguste voyageur, ce sera l'hommage d'une respectueuse gratitude, en retour d'un de ces souvenirs qui restent dans la vie ; peu m'importe l'ironie stupide ou furibonde, je ne m'adresse qu'aux hommes de cœur !

Une heure après cette séparation pénible, la vapeur m'emportait plus avant sur la terre étrangère, vers le but tant désiré de mon pèlerinage.

C'est dans les voyages, loin des rivages de la patrie, qu'en rencontrant des citoyens de toutes les nations, on apprécie la déconsidération de l'étranger pour les gouvernements révolutionnaires qui se sont imposés à la France.

Au milieu même des distractions de la périgrination, c'est la politique qui défraie toutes les conversations; j'ai rencontré des étrangers de tous les pays, et comme Français, j'ai pu causer librement avec eux sur les évènements d'Europe, et spécialement de la France.

Aux yeux de tous, la France est jusque dans sa décadence, le moteur souverain de la situation européenne, et quand je leur demandais ce qu'ils pensaient de la révolution de février, tous sans exception, quelle que fût leur nation, répondaient sans hésiter que la durée même du règne de Louis-Philippe ne les avait pas abusés, et qu'ils savaient bien que, tôt ou tard, une nouvelle révolution renverserait l'usurpation de 1830.

Un seul fait causait leur étonnement, c'est que la grande nation, dont nul ne méconnait les gloires et les grandeurs, et dont tous ont pu juger l'annihilation à l'étranger, ait supporté pendant dix-huit ans un gouvernement, condamné par son usurpation même, au sacrifice de notre honneur.

Tous s'accordent à dire que, sans le retour de la légitimité, la France, épuisée d'hommes et d'argent après les désastres de l'Empire, aurait fini par succomber dans un démembrement général, et que, bien loin de ramener les Bourbons, la coalition en a subi forcément le retour.

Tous expriment la même conviction, c'est que la France est perdue, faute des principes constitutifs de sa nationalité ; tous enfin sont forcés de reconnaître que la prépondérance prospère et glorieuse de la France est un besoin, une nécessité pour l'Europe, puisque toutes les fois que la France éprouve des convulsions révolutionnaires, la tranquillité du monde se trouve mise en question.

Ce témoignage est tout-à-fait impartial et désintéressé de la part de tous ces étrangers qui ne se connaissent pour la plupart ni les uns ni les autres, et que je voyais moi-même pour la première fois. On se sent l'âme profondément attristée en écoutant ces appréciations où la déconsidération pour notre situation perce à travers les égards et la noble discrétion dont on garde partout l'habitude envers les enfants de la France.

CHAPITRE II.

Première entrevue avec le comte de Chambord. — Son extérieur.
— Ses opinions. — Son entourage.

Quelques jours après, j'atteignis enfin ces rivages de l'exil, où se trouvait alors le fils de l'infortuné duc de Berry.

J'allais donc voir ce représentant de quatorze siècles de monarchie, qu'enfant moi-même, je n'avais pu qu'apercevoir une fois au Musée du Louvre, en 1829.

J'allais voir le jeune Prince, l'espérance de l'avenir, et j'éprouvais cette émotion toute puissante qui précède une première entrevue avec un jeune homme de si haute naissance, de si haute destinée, frappé de proscription au sortir du berceau par la force brutale de l'usurpation révolutionnaire, et sur lequel circulent des appréciations si contradictoires.

Je me présentai à la résidence du Prince : après quelques minutes d'entretien avec le duc de Lévi, une porte s'ouvrit, et je me trouvai face à face avec le comte de Chambord, qui m'attendait debout au milieu de son cabinet de travail.

Pendant l'instant à peine perceptible de son premier abord, il n'y eut sur cette belle et noble figure que l'expression d'une dignité majestueuse, où des yeux, d'une beauté à désespérer le pinceau d'un génie, me regardaient jusqu'au fond de l'âme, en épanouissant tous ses besoins d'expansion.

Dès les premiers mots inspirés par les convictions de mon patriotisme, je vis le visage du royal proscrit s'illuminer spontanément de ce sourire plein de franchise et de bonté derrière lequel se cachait difficilement une émotion profonde.

Son pur et limpide regard n'observait plus, il regardait avec cet attendrissement qui précède une larme, ce jeune Français venu de la patrie lointaine pour saluer la royauté de l'exil.

Les premières paroles du jeune Prince, en me pressant avec effusion la main que j'osais lui tendre, n'écoutant que le sentiment de mon cœur, furent pour me remercier d'être venu si loin pour le voir ! Si loin !... ces deux mots prononcés avec tant de cœur et de simplicité avaient, dans la bouche de l'exilé, une bien grande éloquence, une bien haute signification... Si loin !...... c'était bien là l'aveu du bonheur qu'il éprouve à revoir des Français, et de l'amour dont son cœur déborde pour cette patrie dont il se sent si éloigné !...

Aussi la France fut-elle de suite le sujet de la conversation : un voile de douloureuse tristesse s'étendit immédiatement sur ce visage impressionnable.

Le Prince me parla tout d'abord de la situation malheureuse des populations ouvrières, dont les souffrances sont les préoccupations incessantes de sa sollicitude et de ses sympathies.

— Le comte de Chambord vous écoute avec la

plus bienveillante attention, et lorsqu'il parle, on s'aperçoit de suite qu'il a étudié et qu'il connaît à fond toutes ces grandes questions de réformes sociales dont la France a besoin, et toutes ces utopies dont le triomphe insensé ne serait qu'un retour à la barbarie.

Plein de foi dans son dévouement à la France, et dans cette mission de la sauver à laquelle il se sent destiné, il ne doute nullement que le principe national qu'il représente, ne soit la solution de tous ces problèmes sur lesquels le *statu quo* révolutionnaire maintient le sceau redoutable du mystère. — On voit que, dans sa conviction, le socialisme est la question brûlante qui domine la situation : c'est pourquoi ses études laborieuses se sont presqu'exclusivement tournées avec la plus profonde attention vers la solution de cette énigme sociale, qui est la question de vie ou de mort de l'avenir. Le résultat de ce travail, auquel le prince consacre les longs jours de l'exil, ne paraît pas l'embarrasser ; il semble posséder en lui la réponse péremptoire à ce sphinx terrible qui menace de dévorer la France entière ; il attend que sa patrie l'appelle à dissiper avec elle ce fantôme affublé des oripeaux de tous les siècles, en substituant la solution logique de la vérité aux sophismes contradictoires de l'utopie ; c'est ce qui provoquait, de la part d'un *démoc* et *soc* qui avait vu le prince, cet aveu, que M. le comte de Chambord était le premier socialiste de France, dans la seule digne acception du mot.

Le Prince ne voit de coupables dans ce travail social de l'utopie que ces chefs de file, sicaires de l'anarchie, qui spéculent sur les souffrances populaires, pour s'en faire un piédestal à leur ambition de despotisme : il le déplore d'autant plus, qu'il sait reconnaître parmi eux, quelques hommes d'un talent incontestable qu'il serait heureux de voir consacrer à la recherche sincère, dévouée de la vérité. La masse qui suit ces démolisseurs de la société, n'est aux yeux de l'exilé qu'une armée de malheureux égarés par l'infortune, aigris par un long abandon, et poussés à travers les désastres de leurs fureurs, vers le mirage trompeur d'un Eldorado chimérique ; ceux-là, il les plaint de toutes les puissances de son cœur, de toute la sensibilité de ses sympathies, et dans la cruelle impuissance où il se trouve placé, par son exil, de guérir tant de plaies saignantes dont le délire espère la guérison en jetant à la société les menaces de la vengeance, il souffre amèrement de ne pouvoir que compâtir de loin aux malheurs de sa patrie.

Il faut avoir vu ce visage attristé, il faut avoir entendu cette parole accentuée par l'émotion, pour comprendre tout ce qu'il y a de richesses dans cette âme dévouée, dans cette intelligence d'élite, dans ce cœur plein d'expansion.

Mais je m'aperçois qu'absorbé dans ces appréciations intimes, je n'ai pas encore dit un mot de son extérieur.

Sans doute, la beauté humaine n'est rien auprès des qualités de l'âme et de l'esprit, mais quand elle en est le miroir fidèle en face de ce regard des yeux créé pour la contempler ; quand ce don de la nature est un démenti formel à des déclamations stupides, elle ne peut que servir à relever encore la majesté de cette royauté de quatorze siècles, éprouvée dans ce jeune prince par 19 ans d'exil !

Le Prince, d'une taille moyenne, n'est pas gros

comme on paraît le croire généralement, mais il est large et carrément constitué, comme doué d'une force remarquable, et jouissant d'une santé florissante : sa main, dont la mienne a senti l'affectueuse et cordiale étreinte, est d'une admirable perfection de forme dans ses proportions pleines de vigueur ; l'épée de Charlemagne y tiendrait à l'aise pour repousser l'invasion étrangère, en dépit des misérables calomnies de ces fiers démagogues de France qui tirent sur nos soldats et insultent au triomphe de leur drapeau.

Le comte de Chambord marche habituellement assez vite et se fatigue difficilement, malgré la terrible chute de cheval qu'il a faite il y a quelques années, et qui, par un bonheur véritablement providentiel, ne lui a laissé dans la jambe aucune espèce de sensibilité ni de faiblesse : l'horrible opération qu'il a subie avec tant d'héroïsme n'a laissé d'autre trace qu'une inégalité peu sensible lorsqu'il marche posément, et dont son caractère, si heureusement doué, plaisanterait plutôt que de s'en attrister.—Quant à cette tête, dont aucune reproduction n'a pu donner l'idée, et qu'il porte noble et parfaitement dégagée sur des épaules à la Henri IV, c'est la carnation la plus belle, la plus riche qu'on puisse admirer ; c'est le type bourbonien dans toute sa perfection, au profil moins saillant que celui de Louis XVI et mieux proportionné que celui de Henri IV et de François Ier ; sur ses traits fins et grandioses tout à la fois se reflètent toutes les impressions de son âme et de sa pensée.

J'ai déjà dit quelques mots de ses yeux admirablement ouverts, d'un bleu limpide et transparent, dont le regard d'honnête homme par excellence vous observe avec tant de bonté, qu'il vous interroge de manière à faire de la confiance un besoin d'expansion, et inspire le respect en attirant le cœur : ces yeux-là sont tellement admirables de forme et d'expression, qu'aucun peintre n'a encore pu en reproduire le sentiment véritablement magique.

Je défie l'homme le plus prévenu, le plus hostile, chez qui l'orgueil aveugle et la haine brutale n'ont pas tout-à-fait éteint le cœur, qui est la conscience de l'impartialité, de voir un quart d'heure le comte de Chambord sans sentir aussitôt les sentiments les plus sympathiques, l'opinion la plus haute remplacer les antipathies les plus profondes et les plus invétérées.

L'homme du peuple surtout, dont le noble cœur, étranger à toutes ces subtilités d'un monde bouffi d'orgueil et de dissimulation, se donne sans détour à tout ce qui l'attire, comme extérieur et comme sentiment ; l'homme du peuple le plus rouge, le plus socialiste qui soit en France, ne résisterait pas dix minutes à ce regard, à ce sourire, à cette expression du visage, à cette parole sortie du cœur qui vous disent si bien tous ses sentiments, toute sa pensée, tout le dévouement de son amour pour la France.

L'homme du peuple, l'homme de cœur se sentirait pénétré par cette révélation spontanée de l'âme la plus belle, de l'intelligence la plus élevée qui jamais aient aussi bien compris cette nécessité sociale de sages et promptes réformes, et cette haute garantie des libertés nationales dont la France a besoin pour échapper à la ruine.

Qunt à moi, qui ne pouvais avoir cet enthousiasme de convictions à l'égard de l'exilé, puisque je ne le connaissais pas, je me sentis à l'aise dès les premières paroles qu'il m'adressa, et je n'éprouvai pas la moindre crainte de lui exposer franchement le libéralisme inébranlable de mes convictions monarchiques.

Après cette première entrevue, je reçus de la part du prince une invitation à dîner pour le soir même. Le prince me désigna ma place à côté de lui, et comme je lui en exprimais ma sincère gratitude : « Je suis toujours heureux, me dit-il affectueusement, d'avoir près de moi un Français venu de France pour me voir dans mon exil ! »

La conversation roula d'abord sur la révolution de février et sur la chute foudroyante de ce trône de dix-huit ans : ce fut alors que je me souvins de tout ce qui m'avait été dit à ce sujet sur le cœur de l'exilé qui semble avoir oublié la conduite des d'Orléans à l'égard de la branche aînée ; il sût trouver dans son cœur des paroles de sympathie pour la position tristement inoccupée des fils de Louis-Philippe, et pour l'existence douloureuse de Marie-Amélie, comme épouse et comme mère.

Pas la moindre expression blessante ne s'échappe de ses lèvres sur l'usurpation de 1830 ; mais il ne peut s'empêcher de déplorer que la France en soit la victime, puisque le triomphe du fait révolutionnaire n'est plus qu'une question de force brutale dans le domaine de la démoralisation.

On vint à parler du général Bedeau, injustement compromis par son inaction forcée le 24 février, et l'épisode plus ou moins véridique des crosses en l'air : une discussion s'engagea sur ce que devait faire l'illustre général, regardé comme un général accompli comme stratégiste, administrateur, tacticien et homme de tête : devait-il, en

cette circonstance extraordinaire, prendre de lui-
même une initiative en l'absence des ordres du commandant en chef, ou obéir aux recommandations
indirectes de ne pas agir, qui, dit-on, lui furent
données de la part d'une personne très-haut placée ? On compara cette position critique à la position délicate et pénible du maréchal de Bourmont, lors de la révolution de juillet, après la
prise d'Alger. Le comte de Chambord défendait
son opinion en disant que l'amiral devait obéir à
M. de Bourmont, ce qui fut diversement apprécié
de part et d'autre, mais ce qui fut surtout pour
moi la preuve évidente que les compagnons dévoués du royal proscrit n'obtempèrent nullement
en courtisans à l'avis du prince, qui, de son côté,
garde toute son indépendance de jugement à
l'égard de cet entourage, qu'on regarde bien à tort
comme des influences dominatrices.

En parlant de mes embarras de voyage résultant de mon ignorance complète de la langue al-
mande, je provoquai l'hilarité du comte de Chambord, dont le rire plein de franchise est véritablement communicatif; le joyeux et spirituel
Henri IV devait avoir cette gaieté lorsqu'il laissait échapper ces plaisanteries sans prétention, et
qu'on savait lui tenir tête avec la même bon-
homie. Le comte de Chambord est né sous
la même étoile, avec le caractère le plus heureux.

Je saisissais avec bonheur les moindres occasions de revoir l'exilé et de jouir de sa conversation si attachante, si expansive, si intelligente,
dans laquelle on est étonné de trouver si loin de
France des opinions si justes, des aperçus si lumineux sur son présent, son avenir, et la situation générale de l'Europe.

Dès le second jour, je reçus encore pour le soir même, une invitation de prendre le thé, avec la bienveillante recommandation de venir avant l'heure, afin de pouvoir encore causer un peu : c'était le second entretien particulier que j'allais avoir avec le comte de Chambord ; trois jours après, je devais le quitter pour retourner dans cette France que j'aime de tout l'amour qu'il lui porte lui-même.

Je me rendis avec une exactitude empressée à cette nouvelle entrevue ; je fus introduit immédiatement.

Tous les souvenirs bienheureux de ce séjour me resteront éternellement gravés dans le cœur, comme une des plus chères émotions de ma vie ; mais, parmi ces souvenirs, il en est un qui les dominera tous, c'est celui de cette entrevue, à l'entrée de ce cabinet de travail, dont j'ai la gravure dans cette mémoire du cœur qui ne se perd jamais.

Cette fois, en effet, j'eus peine à contenir l'émotion qui remplissait mon âme ; le royal exilé avait pu connaître la jeune énergie de mes convictions et de mon dévouement, et son cœur dévoilait alors tout le bonheur qu'il en éprouvait : il me prit les deux mains dans les siennes, et, les pressant avec effusion, il me répéta combien il était sensible à l'excursion lointaine que j'avais entreprise pour le voir ; noble cœur qu'on ne peut s'empêcher d'affectionner de toute la profondeur de son patriotisme ; âme aimante et sympathique d'où rayonne, à chaque minute de son existence, cet amour immense, passionné, sublime de la patrie !

Royauté de l'exil, digne représentant du droit national de la légitimité, tu possédais le dévouement de mon intelligence et de ma raison ; je ne te connaissais qu'à travers les sympathies d'une âme sensible pour les amertumes de l'exil ; maintenant que je t'ai vu, je sens que le dévouement de ma raison s'est accru de tout le dévouement des sentiments de mon cœur.

Tout l'entretien roula cette fois sur la politique, dont je lui exposai assez franchement toutes mes idées pour me rendre compte de toute l'élévation, de toute la largeur de ses convictions ; je puis donc affirmer, sans craindre d'être démenti, que le comte de Chambord est toujour le prince qui, à Belgrave-Square, dit solennellement à Chateaubriand que son programme politique était le sien.

La preuve la plus éclatante de son intelligence de la liberté et de sa foi dans le bon sens de la France, c'st qu'il lui laisse, par la loyauté et la discrétion de son silence, tout le temps et toute l'indépendance de son jugement sur les expériences révolutionnaires qu'on lui impose depuis plus d'un demi siècle sans la consulter.

Toute la politique du comte de Chambord est dans ces mots : « *On abdique un droit, on ne peut abdiquer un devoir.* »

C'est ainsi, qu'au sein de son exil, il attend la manifestation légitime de la volonté nationale, trop sûr du bon sens traditionnel de la France, et trop fidèle à son patriotisme pour jamais commettre la déshonorante lâcheté d'abdiquer les devoirs du droit national qu'il représente.

Si jamais l'anarchie venait à triompher, et si la France épouvantée en appelait à son dévouement, il saurait montrer tout ce qu'il possède d'initiative et d'énergie, en sacrifiant sa vie, s'il le faut, pour la cause de l'ordre, de la société et de la civilisation.

Jusque-là, il restera dans l'abnégation de son amour pour la France, en déplorant les conséquences désastreuses de la situation révolutionnaire dans laquelle la nation ne peut avoir son libre arbitre, et s'efforcera de lui faire le plus de bien du fond de son exil.

Il recommande l'union à tous ses amis, mais avec son intelligence élevée, il ne comprend l'union que dans l'action, car il se souvient du vieil adage : « *Aide-toi, le Ciel t'aidera.* » Et, convaincu qu'il faut montrer à la France le chemin du salut, il approuve pleinement que les hommes de principe qui ont été envoyés à l'Assemblée Nationale, comme étant des légitimistes d'action parlementaire, restent fidèles à ce mandat, en disant à la France, du haut de la tribune, la raison d'être de ces grands principes dont ils doivent être les défenseurs.

Il n'a jamais entendu donner à aucun de ses amis un mandat quelconque d'imposer à tous une ligne de conduite à *priori* qui serait la ruine complète de cette union si nécessaire, et cependant si souvent compromise par un déplorable effacement.

J'ai donc acquis la conviction que le Prince était resté fidèle au programme politique de Chateaubriand, et je profite de l'occasion pour affirmer que, dans la lettre du comte de Chambord, en réponse aux fils de l'illustre Genoude, sur la mort de leur père, il rend un hommage solennel aux libertés nationales dans la personne de l'éminent publiciste qui tomba martyr de son dévouement à les défendre.

Le prince, ignorant toutes les attaques auxquelles M. de Genoude avait été en butte, n'a jamais entendu que regretter ce qu'il y avait d'un peu trop-personnel dans le caractère de cet homme de cœur.

C'est parce que le comte de Chambord est profondément dévoué à ces principes imprescriptibles de la liberté, que, dans la crainte de voir compromettre l'union de tous ses amis sur ce terrain du droit national, il n'a pu s'empêcher de regretter l'ardeur involontairement irritante avec laquelle M. de Genoude défendait par certaines discussions sur les personnes, la ligne d'action politique de la *Gazette de France*.

Il n'y a que la mauvaise foi de la prévention et de l'envie qui veuille faire supposer, dans la pensée de l'exilé, des opinions étroites et surannées qu'il repousse de toute la jeunesse de son intelligence...

Telles sont les convictions irréfutables, résultant pour moi de ces entretiens intimes avec le royal proscrit, qui a donné toute son approbation à cette idée, que je ne comprenais les hommes de principe qu'avec le courage patriotique des convictions, toutes les fois que l'occasion se présentait de les exprimer et de les défendre.

Le comte de Chambord respecte si bien les convictions à quelque opinion qu'elles appartiennent, pourvu qu'elles ne soient inspirés que par un sincère et loyal dévouement à la patrie, qu'il est bien résolu, si jamais il a le bonheur de revenir en France, de faire appel à tous les hommes de cœur pour l'aider à la sauver. Il ne cherchera dans le passé des hommes de tous les partis que le patriotisme, l'intelligence, et cette probité de l'homme politique qui donne toute garantie à l'honneur et à la prospérité d'une nation. Son âme toute française se sent profon-

dément froissée de cette décadence de la France
en face de l'étranger, inutile rançon de cette
paix à tout prix qui nous a préparé dans l'avenir les sanglantes éventualités d'une guerre
européenne.

Il croit aux aspirations de la civilisation mo-
derne vers la pacification internationale, mais il
ne la comprend qu'avec le respect profond de
l'honneur de la France, recouvrant sa prépondérance séculaire dans l'équilibre européen.

Il voit avec douleur que la France manque à
l'Europe, et il en déplore les conséquences dans
le martyre de la Pologne, et cette triste nécessité
de conjurer, comme en Hongrie, les désastres révolutionnaires aux dépens des nationalités. Sans
oublier tout ce que le passé monarchique a fait
pour la civilisation, il sait qu'il reste beaucoup
à faire pour éteindre ce vertige de bouleverse-
ments européens dans des réformes sociales à
opérer en France, au milieu des populations
ouvrières et agricoles, en rapport avec les droits
de la religion, de la civilisation et de la liberté.

Cette nouvelle entrevue particulière était finie,
et, pendant le reste de la soirée, la conversation
générale roula sur les terribles et sanglantes
journées de juin 1848, où, suivant la pensée du
Prince, tant de malheureux égarés ensanglantè-
rent la capitale, laissant des veuves et des or-
phelins dans la désolation et la misère : « Que
d'hommes utiles, que de braves gens, dit-il, que
de bons Français sont tombés pour la défense
de la société dans ces horreurs de la guerre
civile ! »

Des journées de juin 1848, on passa naturellement à celle de juin 1849 ; le talent stratégique
et l'admirable sang-froid du général Changar-

nier, dont le prince fait le plus grand cas, furent hautement appréciés par lui comme ayant produit l'heureux résultat d'éviter l'effusion du sang.

Le prince parle de l'art militaire comme un homme qui en connaît à fond tous les secrets, après l'avoir étudié sur les plus illustres champs de bataille de l'Europe.

L'armée française est de sa part l'objet d'un intérêt véritablement passionné, qui dénote au plus haut degré son affectueuse sollicitude pour le soldat, et son ambition profondément enracinée de l'honneur de nos armes.

Il sait aussi rendre hommage aux bonnes intentions et à la bonne volonté du président de la république pour maintenir l'ordre contre les tentatives de l'anarchie.

Quand on lui parle de la position délicate qui résulterait de son retour en France pour les hommes qui auraient occupé les plus hautes fonctions sous les gouvernements qui se sont succédés depuis 1830, il n'exprime et ne conçoit à cet égard aucune raison d'embarras. Dans sa pensée, toujours riche de patriotisme, la France est assez grande pour faire une place digne d'eux à tous ses enfants, héritiers d'un grand nom, illustrés par d'éminents services, par d'éminentes capacités, ou ayant dû aux circonstances le mandat temporaire des plus hauts emplois.

Le généreux exilé ne nomme jamais personne que pour en dire du bien ; jamais un nom propre ne s'échappe de ses lèvres, comme l'expression d'un souvenir pénible ou d'une pensée d'accusation ; il semble que, dans ce cœur, il n'y ait de place que pour la France et l'oubli des

torts dont on a pu se rendre coupable à son
égard : quels que soient les noms qu'on prononce en sa présence, sa figure ouverte et ex-
pressive laisse à peine échapper un sourire
d'indulgente plaisanterie. — La haine est complètement étrangère à ce cœur sympathique
pour tout ce qui est bien, beau et glorieux ; mais
quand il s'agit de combattre des idées contraires
aux inspirations d'un patriotisme intelligent,
l'expression de ses traits prend cette dignité sérieuse sur laquelle se dessine le sentiment d'une
énergie dont aucun obstacle, aucun péril, aucun
sacrifice ne sauraient arrêter l'initiative d'un jugement plein de justesse et de droiture : il mar-
chera au but sans précipitation, mais il ne s'ar-
rêtera jamais, parce qu'il sait très-bien que ce
but ne se trouvera jamais hors des limites des
droits de la justice et de la liberté.

Les jugements contraires à cette appréciation,
sur le comte de Chambord, ont pris pour de la
faiblesse et un manque d'initiative ce qui n'est
en lui que la discrétion et la loyauté d'un inalté-
rable dévouement à la patrie, le respect d'un devoir qu'il ne peut abdiquer, et le sentiment d'un
droit qu'il n'imposera jamais.

Lorsqu'on l'entend déplorer, avec cet amour de
profonde sympathie, les souffrances des malheureux et la triste position des populations ouvrières
dont il sait si bien glorifier le travail, on sent
combien il souffre de ne pouvoir y mettre un
terme, et combien il serait heureux d'en avoir
les moyens : comme on voit bien en l'écoutant et
lorsqu'il vous écoute lui-même, combien cette
mission est la plus chère ambition de son cœur,
combien elle serait le plus grand bonheur de sa vie!

C'est au milieu de cette douloureuse sollicitude

que sa pensée se reporte sans cesse aux préoccupations que lui inspirent, à un si haut degré, la stagnation désastreuse du commerce, des arts et de l'industrie, ces trois grandes conséquences du luxe, ces trois grands générateurs du travail populaire, dont la propriété est l'avenir.

Comme le noble banni prend intérêt à ces trois grands artères de la prospérité nationale ! comme il parle sur ce sujet avec cette connaissance profonde qu'il s'est acquise dans ses loisirs, sur la terre étrangère et dans tous les voyages qu'il a faits dans ce but !

Avec quelle sagacité de goût et de jugement, avec quel sentiment d'un noble orgueil, il sait apprécier les produits du commerce, les œuvres d'artistes et les découvertes de l'industrie; comme son visage, son regard s'illuminent lorsqu'il reporte sa pensée à la prospérité, à la grandeur, aux merveilleux progrès dont ces trois branches sont susceptibles; mais comme l'expression de ses traits, de son regard, s'attriste profondément lorsqu'il envisage leur désolante inaction, qui n'est interrompue que par un va et vient périodique de mieux et de pire, fluctuations plus désastreuses encore que le néant du *statu quo*, puisque les pertes s'augmentent de toutes les avances d'une espérance presque aussitôt déçue.

Comme le Prince s'informe avec intérêt des moindres détails de ce grave sujet, dont il sait si bien peser l'importance capitale ! En causant avec lui, sur ces hautes questions, on comprend aussitôt toutes les ressources fécondes, tous les aperçus lumineux que son intelligence et son cœur sauraient trouver pour redonner la santé et la vie, l'initiative d'un progrès régulier à ces conditions fondamentales des grandeurs de la France,

si cette patrie bien-aimée le rappelait à la tête de
ses destinées.

. . . .

. . . .

. . . .

On oublie le temps dans de pareils entretiens;
je quittai le Prince à une heure assez avancée de
la soirée : « Nous nous reverrons à B*** », me
dit-il, en me serrant encore une fois la main.
Malgré cette dernière espérance, je me sentis le
cœur inondé de tristesse en quittant le royal exilé,
si digne de la France, et, le lendemain matin,
à 8 heures, deux heures avant mon départ, je ne
pus m'empêcher de retourner à la résidence du
Prince, pour demander un souvenir de ce noble
cœur, de cette main qui avait pressé la mienne.
Le comte de Chambord allait sortir; il voulut
bien, cependant, m'écrire quelques mots d'une
éloquente simplicité, surmontés de son cachet,
représentant une croix, avec cette devise qui dit
tout : « *Fides, spes!* » Voilà votre diplôme de dévouement, me dit-il de loin, en le remettant pour
moi au marquis de Pissy, et en me faisant un
dernier signe d'adieu !

Moquez-vous encore, malheureux sceptiques,
qui n'avez foi que dans le cynisme de votre ambition jalouse, et qui n'espérez dans l'avenir
qu'en marchant, s'il le faut pour arriver, à travers les ruines de la patrie! Il est encore une
génération pleine de jeunesse et d'avenir, qui
défie vos sarcasmes impuissants avec le libéralisme de ses convictions, avec le patriotisme de
son cœur, et qui plus est avec l'histoire !...

Le surlendemain, je débarquais à l'hôtel où
peu de temps après arrivait l'exilé.

A peine descendu de voiture, et malgré les fatigues d'un voyage comme on en fait au nord de l'Allemagne, le prince me fit avertir que je pouvais me présenter : « Vous ne retournez pas à***, me dit-il, j'y serai à la fin de ce mois? » Cette phrase, tout à la fois si simple et si affectueuse, me fit pressentir toute l'amertume de la séparation ; j'aurais été bien heureux de le revoir encore une fois, plus heureux de ne jamais le quitter et d'accompagner son retour dans la patrie ; mais il me fallait absolument regagner cette pauvre et bien-aimée France, si riche d'avenir si son droit national était respecté. Je ne pus donc qu'exprimer au Prince mes regrets bien amers de ne pouvoir continuer encore les émotions de bonheur intime de mon pèlerinage solitaire : son noble cœur sut deviner les motifs de cette obligation forcée et en consoler la pénible dépendance ; son amour pour la France est assez grand pour embrasser cette mission de confident et de consolateur, en dominant par abnégation et grandeur d'âme les propres amertumes de son exil.

Il fallait donc bientôt me séparer du royal exilé ; le lendemain de grand matin, je partais par le chemin de fer dans le même convoi que le prince. Le duc de Lévi m'attendait à la portière du wagon réservé au comte de Chambord pour m'inviter de sa part à prendre place au milieux d'eux : « *Nous avons encore à voyager ensemble jusqu'à la station de M****, me dit-il, en voyant le bonheur que j'éprouvais de l'honneur qu'il voulait bien me faire.

Le comte de Chambord avait déjà devant lui cinq ou six brochures de France qui venaient de paraître et dont il prit lecture : aucune publication d'actualité ne lui est inconnue ; il les lit toutes avec la plus grande attention, et pendant les quelques heures que je passai encore près de lui, il entretint la conversation par les appréciations les plus judicieuses et les plus éclairées sur ces écrits, sachant très-bien discerner ce qui méritait l'attention jusque dans les élucubrations des auteurs socialistes, au sujet du bien-être des populations ouvrières. Il sait rendre justice au talent de l'écrivain, quel qu'il soit, et n'en éprouve que plus de regrets de voir tant d'intelligences se dévouer à la propagande des idées subversives, quand elles pourraient si bien, dans la voie de la vérité et d'un sincère patriotisme, concourir à la réédification des grandeurs de la patrie.

Les fatigues du précédent voyage dominèrent, malgré tout, l'intérêt de la conversation, et le sommeil étant survenu, comme il arrive toujours dans les longueurs d'une périgrination lointaine, je pus considérer à mon aise cette tête magnifique qu'on ne peut regarder sans se sentir entraîné, et où le calme expressif d'une conscience d'honnête homme se mêle à la royale majesté de l'exil.

. Ainsi perdu dans la rêverie d'une muette contemplation, j'oubliais que la station douloureuse des adieux était proche, au milieu de ce long Golgotha de la proscription: M***, prononcé par une voix allemande retentit à mes oreilles comme un de ces sons que répète dans le cœur l'écho d'une amertume. Pendant les quelques instants d'arrêt de cette station, le Prince qui descendit en prenant ma main qui s'offrait à lui, devait encore laisser échapper devant moi l'expansion chaleureuse de son âme toute française: le duc de Lévi s'était approché pour lui annoncer qu'un Français, marchand de chevaux, faisant partie du convoi, et sachant voyager avec

Monseigneur, avait ôté sa blouse, dans l'espérance de lui être présenté : « Je vais lui parler, » reprit aussitôt l'exilé ; et. s'avançant vers le négociant, il entra immédiatement en conversation avec lui, sur le commerce français, et spécialement sur la partie dont il s'occupait, le questionnant, l'écoutant avec la plus grande attention, et lui exposant ses connaissances approfondies sur l'amélioration, le croisement et la reproduction des races chevalines en France.

A peine le Prince avait-il quitté le négociant pour nous rejoindre, que le signal se fit entendre, invitant les voyageurs à remonter en wagons ; l'heure de la séparation était sonnée ; ce fut alors que je lui fis mes derniers adieux, et qu'il me donna ses dernières poignées de mains sur la terre étrangère ; chaque fois qu'un Français le quitte, il semble que la distance qui le sépare de sa patrie, s'allonge devant ses yeux attendris ; une émotion puissante se dissimule avec peine sur ses traits, empreints de la plus franche expression.

J'allais quitter le royal proscrit, peut-être pour toujours ; pour succomber, peut-être, au milieu d'une nouvelle lutte de la société contre l'anarchie, et j'appelais toute mon énergie pour cacher tout ce que j'éprouvais de regrets dans cet instant solennel ; enfin, je vis le Prince remonter en wagon, en me faisant de la main un geste affectueux, et le convoi, après quelques secondes de va et vient, pendant lesquelles je pus encore le saluer et recevoir un adieu, s'éloigna rapide, ne laissant plus derrière lui qu'une longue ondulation de fumée, bientôt disparue dans le lointain horizon de l'espace.

Le royal proscrit regagnait plus avant les solitudes de l'exil, continuant, sans murmurer, sur la terre étrangère, le cours des étapes douloureuses de la monarchie française, tracé par le poignard de Ravaillac, l'échafaud du 21 janvier, le couteau de Louvel et l'usurpation du fils de Philippe-Egalité ! Héroïque destinée d'une famille de rois, commençant l'hérédité monarchique à Hugues-Capet, de par le droit national, et subissant, de par le crime de l'insurrection, la plus imméritée et la plus douloureuse expiation des erreurs que les révolutions imposèrent violemment à son patriotisme.

J'ai donc pu te saluer enfin, royauté de l'exil ! j'ai pu contempler toute la majesté de ton patriotisme, admirer l'élévation de ton intelligence et tout ce qu'il y a dans ton âme de bonté sympathique, d'affection généreuse, d'expansion communicative et d'amour passionné pour la France et la liberté !

J'ai pu voir ce prince de vingt-neuf ans, né entre les marches d'un tombeau et les degrés d'un trône, surnommé l'enfant du miracle, proscrit à dix ans, et doué de cet extérieur majestueux, de cette tête magnifique dont le regard et le sourire défient la haine en attirant le cœur.

Malgré les regrets d'une pareille séparation, je suis heureux d'avoir vu le petit-fils de Henri IV, et d'avoir pu l'apprécier au sein de cette existence de proscrit dans laquelle les capacités personnelles et les qualités solides exerceraient seules le prestige d'une légitime domination.

Quant à son esprit religieux, que quelques Voltairiens remis à neuf osent calomnier en l'affirmant entaché d'un rigorisme implacable et de préférences absolues, il est aussi large, aussi généreux que son cœur, aussi indépendant que sa conscience d'honnête homme, aussi élevé que la religion qui l'inspire.

Ces quelques jours passés près du comte de Chambord seront marqués dans ma vie au nombre de mes plus chers, de mes plus ineffaçables souvenirs.

Jeune partisan du droit et des libertés nationales, je n'ai plus même le courage de chanter le cantique de saint Siméon, parce que je n'ai vu qu'en exil l'enfant du miracle, parce que je vois devant les longues espérances de mes vingt-huit ans, le magnifique et consolant avenir de ma patrie, prêt à sceller de mon sang cette affirmation que je fais devant Dieu et devant les hommes, avec toute l'ardeur de mon patriotisme, qu'Henri de Bourbon, Henri de France, est tel que la France peut l'ambitionner.

A tous les insulteurs vendus ou à vendre, sceptiques sans cœur qui n'ont que l'orgueil stupide de parler sans savoir, à toutes les calomnies ordurières ou prétentieuses, à toutes les impostures hypocrites ou éhontées, à tous les petits ou grands faiseurs d'esprit qui, dans l'enfantement laborieux de leurs sottes plaisanteries, veulent se donner les airs d'une impartialité bien renseignée, je ne crains pas de jeter le défi d'un démenti formel. Ce défi de la conviction et de la vérité, je le jette en face de ce peuple qui peut bien se laisser égarer par le délire de ses souffrances et l'infâme ambition de ses courtisans, mais dont le cœur aux larges et généreux sentiments n'a jamais su méconnaître ni insulter avec sangfroid d'aussi éminentes qualités d'intelligence et de cœur, personnifiées dans ce prince exilé, si digne d'être le représentant de quatorze siècles d'histoire !

Quant aux amis dévoués qui se sont constitués

depuis vingt ans les compagnons de l'exil, quelques-uns seulement, le duc de Lévi, M. Barrande et le vicomte de Monti, se trouvaient alors avec le prince.

L'extérieur de M. le duc de Lévi exprime un calme impassible dont la plus affectueuse bienveillance tempère la gravité. Sa conversation est empreinte de cette réserve pleine d'aisance pour tout ce qu'elle croit pouvoir livrer, et trop polie pour jamais blesser avec ses réticences.

C'est le secret de cette ancienne diplomatie qui savait maintenir haut et ferme l'honneur de la France, sans jamais offenser les susceptibilités des autres puissances par les misérables subterfuges des gouvernements révolutionnaires.

M. Barrande, l'ancien précepteur du comte de Chambord, est une encyclopédie vivante ; son front large et découvert, son regard observateur, annoncent l'homme d'étude en même temps que l'homme éminemment distingué.

Sciences, littérature, histoire, économie politique et sociale, industrie, toutes branches dont chacune d'elles exige ordinairement un homme spécial, M. Barrande les possède toutes à l'état de livre ouvert, et les embellit par les charmes d'un esprit délicat et d'une conversation dont on ne se lasse jamais.

Une grande indépendance dans la pensée et une propension vers l'étude approfondie des grandes questions sociales, paraissent être les qualités saillantes de l'ancien gouverneur du prince.

Ces Messieurs eurent la délicate attention de m'honorer de leur visite : ce fut naturellement pour parler de la France, puisque c'est l'éternel sujet de toutes les conversations de l'exil.

Pour tous ces hommes si jaloux de l'honneur de la France et de sa prospérité, sa triste décadence et ses souffrances sont la cause de la plus profonde amertume.

Quant à leurs idées politiques, j'ai vu avec plaisir que si l'éloignement les avait longtemps maintenus dans la pensée d'un système d'expectative absolue, la vérité sur la situation de la France commençait enfin à se faire jour, en démontrant ce devoir de patriotisme pour tous les hommes de principes d'avoir le courage de leurs convictions dans l'arène intellectuelle de la politique.

Mais c'est chez le vicomte de Monti que mes opinions franchement libérales ont rencontré le plus d'échos après le prince.

Lorsque je pris la liberté de lui exprimer mon étonnement et mes regrets de ce que le comte de Chambord ne se rapprochait pas un peu plus de la France, pendant le cours de ses voyages, je reçus pour réponse que le royal exilé ne voulait pas mettre en émoi les susceptibilités diplomatiques de gouvernements assez faibles pour n'avoir pas même la dignité et le courage de l'hospitalité.

Ce proscrit est donc bien puissant aux yeux de l'Europe, puisqu'il a fait assez peur aux gouvernements révolutionnaires de la France pour effrayer les puissances limitrophes.

Mais tous les gouvernements ne professent pas la même pusillanimité et ne s'inclinent pas devant de pareilles exigences. — Le roi de Hanovre, voisin de la Hollande, s'est senti assez fort pour rendre hommage à cette puissance d'un grand principe : lors du passage du comte de Chambord dans la capitale de ses états, le duc de Lévi fut envoyé auprès de Sa Majesté pour lui demander l'heure à laquelle le prince pourrait lui faire sa visite : « Veuillez dire à son Altesse Royale, répondit le roi de Hanovre, que je vais moi-même le lui faire savoir. » A peine le duc de Lévi rentrait-il à l'hôtel pour transmettre cette réponse, pleine de noblesse et de courtoisie, que le roi de Hanovre, en grande cérémonie, venait faire le premier sa visite à l'exilé.

Un pareil hommage en dit plus que toutes les paroles, et prouve qu'il est encore des souverains qui savent assez conserver l'indépendance de leur dignité, en donnant eux-mêmes à leurs peuples l'exemple du respect envers la majesté du droit et de l'exil.

Aux marchands de calomnies qui se croient des historiens et qui ne sont que les misérables plagiaires de pamphlets orduriers, en cherchant à faire croire que le comte de Chambord serait homme à encourir le déshonneur de vouloir s'imposer à la France par les baïonnettes étrangères, je suis heureux de publier un fait qui donne à cette rapsodie le plus éclatant démenti : le comte de Chambord a toujours reçu de l'Autriche, pendant son long exil, un accueil véritablement royal. Jusqu'alors aucune raison n'avait déterminé le prince à déclarer sous quelles réserves il acceptait cette somptueuse hospitalité ; mais la guerre de Hongrie et les graves évènements du continent qui pouvaient déterminer une guerre européenne, firent juger à l'intelligence si élevée et au patriotisme si profond du petit-fils de Henri IV que le moment était venu de montrer à l'empereur d'Autriche l'indépendance toute française de sa pensée.

Lors de son passage à Vienne pour aller prendre les bains de mer à Norderney, le prince fut comme toujours, reçu avec tous les honneurs qui lui seraient adressés si, de fait, il était roi

de France : ce fut alors qu'il crût devoir s'expli-
quer, en disant à l'empereur d'Autriche qu'il
remerciait bien sincèrement Sa Majesté Impériale
de l'accueil qu'elle lui faisait dans ses états, mais
que cette généreuse hospitalité ne devait être
considérée en aucune façon comme un engage-
ment politique, et que si la cour de Vienne se
trouvait jamais devant lui, roi de France, en opposition avec sa patrie, aucune considération
résultant de quelque hommage, de quelque service que ce soit, rendu à son exil, ne l'empêche-
rait de maintenir haut et ferme la garantie des
intérêts de la France et son honneur.

C'est au milieu même de l'hospitalité somptueuse qui lui est offerte, que le comte de Chambord exprime aussi loyalement le sentiment de
son patriotisme, sans craindre les susceptibilités
politiques d'une puissance sur le territoire de
laquelle il a sa résidence habituelle : l'éloquence
de ce fait ne convertira sans doute pas les igno-
rants qui n'écrivent l'histoire qu'avec la déloyauté
de la calomnie, mais elle les convaincra de mensonge en face de ceux qu'ils s'efforcent d'abuser,
et fortifiera dans la vérité tous les nobles cœurs qui
savent l'élever au-dessus des vaines satisfactions
d'un orgueil insensé.

Je n'ai pu voir, à mon bien grand regret, la
duchesse d'Angoulême, cette femme admirable
de patriotisme et de résignation, cette fille infor-
tunée du roi-martyr, qui, après toutes les tor-
tures qu'elle a eu à souffrir au sein de sa patrie,
n'a qu'un désir, une ambition, un rêve avant de
quitter cette vallée de souffrances et de larmes,
le désir, l'ambition, le rêve de voir le bonheur
de sa patrie lui permettre de mourir et d'avoir
les six pieds de sépulture sur la terre de France.

C'est que, pour cette femme d'une intelligence égale à l'énergie de son patriotisme, la France n'est pas la complice des atrocités de la Révolution de 93; c'est que, pour ce cœur si riche d'abnégation sublime, de charité chrétienne, d'angélique sainteté et de pardon, la France est restée la noble et généreuse France, dont les révolutions peuvent bien faire une victime, mais jamais une marâtre.

Si j'avais pu pénétrer plus avant sur la terre de l'exil, j'aurais pu voir aussi cette mère héroïque d'Henri de France, cette femme intrépide qui, ne consultant que le courage de son amour maternel et sa confiance dans les sentiments de la patrie, voulût lui montrer son fils, comme une protestion vivante contre l'usurpation. La noble crainte de provoquer l'effusion du sang et une trahison honteusement achetée, firent seules échouer ce que le sentiment du droit national avait seul entrepris.

J'aurais voulu voir enfin la duchesse de Parme, sœur du comte de Chambord, cet ange consolateur de l'exil qui, pendant dix-huit ans, ensevelit sa jeunesse dans les tristesses de la proscription pour consacrer au royal exilé toutes les richesses de son cœur et de son dévouement.

La princesse de Parme est la digne sœur du comte de Chambord par son intelligence des aspirations de notre époque vers la liberté, et par les qualités d'un cœur où le souvenir et l'amour de la France ont gravé de douloureux regrets.

Le bien qu'elle fait au sein de cette nouvelle patrie où la Providence l'a placée, est une consolation pour le présent, en attendant l'espérance d'un avenir meilleur pour cette France qu'elle aimera toujours, et pour ce frère dont elle sait comprendre le dévouement et la mission.

Puissent ces hommages sans flatteries à tous ces illustres personnages de la branche ainée être un témoignage qu'il est encore en France des cœurs dévoués de toute l'énergie de la jeunesse et le libéralisme rationel de leurs convictions.

DEUXIÈME PARTIE.

LE DROIT NATIONAL.

Tout pour la France et par la France !
Le respect du passé féconde l'avenir.

CHAPITRE Ier.

La Démocratie gouvernementale. — Les enseignements de l'histoire
et des révolutions. — Commencement de polémique.

Dans la marche de la France vers ses destinées,
il est des instants solennels choisis par la Providence pour lui jeter un grave et sublime enseignement dont les hommes de principes sont les
interprètes, en montrant à la nation ces jalons de
l'histoire placés de siècle en siècle sur sa route,
dans ses jours de crise et de malheur.

C'est ainsi qu'à travers les rudes épreuves de
son expérience, le grand navire, qui porte la
France et sa fortune, peut échapper aux cataclysmes du naufrage ; car si les révolutions ne
peuvent avoir la logique du droit et de la raison,
elles ont du moins la logique inexorable de leurs
conséquences et de leurs enseignements.

En effet, une fois poussée sur cette pente rapide qui descend aux abîmes, la France n'a fait
que glisser dans le sang ou la honte, jusqu'au
moment suprême où, frémissante, épouvantée,

elle se suspend à des plantes parasites bientôt brisées sous ses efforts désespérés, faute d'avoir pu saisir dans sa chute les fortes branches de ces arbres séculaires qui ombragèrent son berceau et grandirent avec sa gloire.

Le dernier rejeton actuel du premier rameau de cette branche aînée des Bourbons qui, il y a huit siècles, sauva notre nationalité en rétablissant la filiation monarchique, c'est le comte de Chambord, Henri Dieudonné, que j'ai opposé comme un vivant défi à l'imposture, en le montrant digne de la France, avec le patriotisme de son intelligence et de son cœur.

Mais je n'aurais défendu qu'une partie de la vérité, si je quittais la plume sans prouver qu'Henri de France, comme réprésentant un principe de droit national, appartient à la France.

Il me reste donc à déduire la conclusion, en spécifiant la raison d'être de ce droit national dont Henri de Bourbon est jusqu'à présent l'unique et légitime mandataire, tant que la France véritablement et sincèrement consultée, ne se sera pas déjugée, en méconnaissant cette délégation héréditaire qu'elle a faite d'une portion de sa souveraineté.

Il est si vrai que la France ne peut exercer par elle-même cette part de souveraineté qui constitue le pouvoir exécutif, qu'elle ne peut même pas, exercer directement le pouvoir législatif, et qu'elle est obligée d'en transmettre la délégation à une assemblée nationale.

Or, la démocratie gouvernementale n'est, un principe qu'en excluant toute idée de délégation, quelle qu'elle soit; mais l'exercice direct de la souveraineté par la nation, en une seule et même assemblée, est une impossible absurdité; il faudrait donc diviser à l'infini ces assises de tout un peuple, puisque la fausse application du suffrage universel, en produisant des élections opposées aux vœux du pays, suffit pour rendre la discipline presque impossible dans une assemblée de quatre ou cinq cents représentants. Mais la force d'unité ne peut exister au milieu d'une semblable multiplicité de délibérations, et comme des citoyens qui trouvent à peine le temps ou le vouloir d'élire des mandataires, ne pourront jamais s'assujétir à la permanence des assemblées délibérantes, il faudra bien un pouvoir intérimaire quelconque, pour garantir l'exécution des décisions prises par ces assemblées.

La délégation commence donc avec la nécessité du principe électif pour le pouvoir législatif, et la démocratie gouvernementale disparaît, car si ce pouvoir intérimaire est multiple, c'est une oligarchie de tyrans, par la possibilité d'une toute-puissance sans contrôle, pendant cet interrègne de la souveraineté nationale, avec tout le danger de ces passions d'hommes qui s'entre-choquent de près pour arriver à la domination d'un seul.

Si c'est un pouvoir intérimaire unique, c'est le despotisme par excellence, toutes les ambitions subalternes n'ayant à se grouper qu'autour de lui pour le maintenir au-delà même de son mandat. C'est le droit de la force brutale qui surgit, c'est l'anachie sans fin qui commence ; que deviennent alors le progrès et la civilisation par la liberté ?

La logique est inexorable ; si ce n'est pas la tyrannie la plus monstrueuse, s'étayant sur l'ambition, ce sera l'anarchie sanglante en permanence.

La démocratie gouvernementale n'est donc qu'une théorie de l'autre monde, dont la pratique est la négation même de la souveraineté du peuple; ce n'est qu'une illusion jetée en appas à la multitude par l'égoïste ambition de ces médiocrités jalouses qui, repoussées par la société, comme les génies du mal et du mensonge, veulent s'imposer à elle en abaissant, s'il le faut, comme en 93, le niveau de la guillotine jusqu'aux têtes populaires.

La souveraineté nationale ne peut donc s'exercer que par la délégation, puisqu'en s'exerçant directement elle se suicide, laissant ainsi la société et la civilisation retourner à la barbarie par les révolutions.

Quatorze siècles sont là, devant nous, pour rendre témoignage à la vérité, en consacrant le double principe de la représentation nationale et de la monarchie.

Dès le berceau même de la France, où le droit de conquête semble ne donner raison qu'à la logique d'une sauvage indépendance, nous voyons les hommes de la nation, *gentis homines*, réunis aux immortelles assemblées des champs de mars et de mai, délibérer sous la présidence d'un chef unique et permanent qui soumettait ainsi sa conduite à la sanction nationale de ces premiers états-généraux. Bien plus, dans ces temps primitifs que nous appelons dédaigneusement siècles de barbarie, ces guerriers, nos ancêtres, qui ne pouvaient alors connaître que le droit de l'élection absolue, avaient l'instinct de l'hérédité monarchique avant d'en comprendre l'importante nécessité.

En effet, la race Mérovingienne ne succomba qu'avec les rois fainéants, par la mort du roi

Childéric II, en 756, à une époque où le monarque n'était encore que le chef d'une armée de guerriers, toujours obligés de maintenir leur droit de conquête au milieu même du torrent de l'invasion.

Mais, comme si la constitution naturelle du pays eut fait de l'hérédité monarchique un intérêt de nationalité, avant d'en faire un principe de droit national, le laborieux enfantement de la civilisation, continuant son œuvre à travers les siècles, prépare l'avènement de cette hérédité monarchique, par le rétablissement de la filiation royale.

Louis V meurt sans postérité, ne laissant après lui que Charles, duc de Lorraine, son oncle, qui, s'étant fait le vassal de l'empereur d'Allemagne, n'appartenait plus à la France, et Hugues-Capet, appelé à la couronne par les états du royaume, en 987, au lieu de fausser l'hérédité monarchique, la rétablit par sa descendance directe de la race Mérovingienne, ainsi que le constate un cartulaire de 799, établi par Théodoric le Saxon, père de Robert-le-Fort.

Il suffit donc d'avoir quelques notions d'histoire, pour reconnaître que la qualification d'usurpateur, jetée à Hugues-Capet, n'est qu'une preuve d'ignorance, puisque la fondation nationale de l'hérédité monarchique ne commence qu'à lui.

Huges-Capet ne pouvait donc pas être l'usurpateur d'un droit qui n'existait pas encore.

C'est à partir de cette époque que, pendant huit siècles, 34 assemblées générales, dont, en dernier, les Etats-généraux de 1789, ont consacré le droit national de l'hérédité monarchique dans la branche aînée de la maison de Bourbon.

Or, si ce droit n'a pu être brisé depuis Louis XVI, si la France n'a pas été consultée pour dire qu'elle se déjugeait, ce droit subsiste et le parti légitimiste reste seul le parti national.

C'est en maintenant la vérité de l'histoire que nous soutenons qu'Henri de Bourbon appartient à la France, et c'est ce que nous allons prouver, en confondant une fois encore tous les sophismes révolutionnaires et toutes les objections surannées qu'on oppose comme autant de fins de non recevoir à la légitimité.

Quelles sont donc les prescriptions qu'on invoque contre elle? Est-ce la grande révolution? — Mais six millions de Français assistaient aux Etats-généraux de 1789, où furent unanimement consacrés les grands principes constitutifs de la France : représentation nationale et monarchie héréditaire. — Où sont donc les nouveaux Etats-généraux qui déclarèrent à la nation que la nation se déjugeait? — La révolution qui vint mettre sa main sacrilége sur les immortels cahiers n'en fut que la violation, par l'insurrection d'une minorité de factieux contre la majorité nationale.

Cette manifestation solennelle des volontés de la France, dans les Etats-généraux de 1789, s'élevait trop tard, après les ravages de la philosophie, et ne faisait pas l'affaire des révolutionnaires d'alors, qui voyaient la France repousser le despotisme de leur ambition.

Toutes les cupidités sordides, toutes les haines infâmes, toutes les passions hideuses furent mises en jeu pour baillonner la France. — Louis XVI, qui poussa le patriotisme jusqu'à la faiblesse, et la bonté jusqu'au martyre, prit pour un malentendu entre la nation et lui, ce qui n'était qu'une tactique perfide de la démagogie. — La nation, abusée et surprise par l'explosion subite de ce volcan, n'eut pas le temps d'échapper à la lave envahissante, et l'anarchie organisée eut bientôt raison de la souveraineté nationale à travers des flots de sang et le régicide.

Est-ce l'empire qui brisa le droit national de la légitimité? — Mais l'empire ne fut pas un appel à la nation, par la raison toute simple qu'elle ne pouvait être consultée quand une oligarchie de bourreaux avaient encore le pouvoir de répondre. — La destitution, d'ailleurs, était à l'ordre du jour contre tous ceux qui refusaient leur signature à cette fatalité de l'usurpation impériale.

Les exécuteurs des hautes-œuvres révolutionnaires avaient invoqué le progrès et la liberté, en déifiant la raison sur l'autel de l'athéisme, ou se courba sous le despotisme de la gloire, pour échapper à la tyrannie de l'échafaud, et le sang qui coulait à flots sous ce niveau fraternel de la liberté égalitaire, inonda tous les champs de bataille de l'Europe, au milieu du délire de la gloire.

La France, décimée par la guerre, protesta par les entrailles maternelles, et après les désastres de Moscou, qui préparèrent l'hécatombe de Waterloo et l'exil de Sainte-Hélène, elle se jette, avec l'enthousiasme du souvenir, dans les bras de sa monarchie, qui pleura sur les traités de 1815, en sauvant son territoire.

La restauration ne vint donc pas avec l'étranger, car la nation eut repoussé les Bourbons de toute l'énergie de son indignation; mais la restauration suivit l'étranger, afin que la France, en donnant la main à son antique monarchie, par-dessus la tête de l'invasion, tint en respect la coalition, sous cet arc-boutant de sa nationalité.

Voilà ce que dit la vérité de l'histoire, voilà ce que ne disent pas ceux qui mentent déloyalement, impudemment à l'histoire ; mais qu'importe la vérité à ceux qui ne vivent qu'en trompant le peuple avec des mensonges.

Il fallait du temps pour effacer les ruines de 93 et les désastres de l'empire : Louis XVIII suffit à cette tâche colossale, en trouvant encore la force d'imposer le respect de la nationalité polonaise. Les finances furent à la hauteur des charges énormes amoncelées par vingt ans de luttes et la France redevint l'arbitre de l'Europe.

Dans ces circonstances critiques où la France avait oublié dans l'exaltation de la gloire l'exercice de son droit de souveraineté, Louis XVIII eut le patriotisme de préparer la résurrection du véritable gouvernement représentatif.

Après avoir fait disparaître les ruines, il fallait réédifier et presque recommencer par des réformes incessantes l'œuvre de la civilisation. Le règne de Charles X prépare cette restauration nouvelle, mais arrêté par de nouveaux ferments de révolution et abusé par les conseils d'une ambition de famille, il oublie les états-généraux de 1789, et croit étouffer la vapeur en l'enfermant, preuve éclatante de la nécessité de la représentation nationale pour anéantir toute la force des révolutions contre le pouvoir.

C'était l'erreur involontaire d'un roi indignement trompé ; le principe monarchique n'y était donc absolument pour rien, puisque l'abdication était là pour sauver la liberté.

Est-ce donc la révolution de 1830 qui brisa le droit national de la légitimité ? — Mais où sont les états-généraux ? — On ne voit encore là que l'insurrection d'une poignée de factieux dont le monopole de la centralisation a fait la toute-puissance, et les 221 qui élevèrent ce trône de l'insurrection sur les barricades, n'étaient que la minorité d'une chambre nommée par une imperceptible minorité de la nation. — Ce fut la violation la plus flagrante de la souveraineté nationale, puisqu'elle ne fut nullement appelée à juger ce nouveau fait accompli sans son intervention et contre son propre droit de délégation.

Ce règne de dix-huit ans qui trouve un budget de 900 millions suffisant à toutes les charges et la conquête d'Alger accomplie malgré l'Angleterre, est fatalement forcé de se maintenir par la ruine de nos finances à l'intérieur, l'immolation de notre honneur à l'étranger, la corruption, et, après les lois de septembre qui font trouver libérales les ordonnances de Charles X, il s'écroule, renversé par les mêmes barricades qui l'avaient édifié.

Est-ce enfin la révolution de 1848 qui brisa le droit national de la légitimité? Mais la légitimité n'était pas en cause, puisque c'était au contraire l'usurpation qu'on renversait.

Les journées de février, suivant un écrivain nécessairement impartial, M. Salvandy, ne furent que le choc en retour des journées de juillet. Ce ne fut que le nouveau triomphe d'une émeute profitant de la centralisation et des préparatifs d'un banquet, pour escamoter, au profit de la démagogie, l'explosion de l'indignation nationale contre les tristes nécessités de l'usurpation monarchique.

Un gouvernement provisoire s'improvise, et malgré sa promesse de consulter la nation, proclame la république, sans cet appel, aux volontés de la France.

Ce nouveau pouvoir, sorti des barricades, décrète une application dérisoire du suffrage universel où l'élément des campagnes qui constitue la majorité du pays, est abandonné, par l'inégalité du dérangement, aux influences révolutionnaires des villes.

Le gouvernement provisoire profite, lui aussi, de la centralisation pour organiser avec ses circulaires et commissaires, une terreur sans laquelle la France ne peut alors que se courber, n'ayant plus à la place du scrutin qu'une loterie, où elle tire au sort l'élection d'une assemblée constituante forcée d'avance de répondre par la proclamation de la république à la sommation toujours menaçante de l'émeute.

Dominée par ces circonstances arbitraires, la nation se raccroche au premier expédient qui s'offre à elle pour protester contre tout ce qui s'était fait sans la consulter. — Le choix ne lui est constitutionnellement permis qu'entre les candidats à la présidence de la république : le nom de Bonaparte se présente; l'homme qui le porte n'a fait que des coups de tête aussi pleins de courage que de folie : mais c'est le seul nom alors en vue qui puisse exprimer la haine de la France pour les hommes de révolution.

Aussi cette élection n'a-t-elle été qu'un vote d'exclusion, bien loin de supposer une adhésion quelconque à une restauration d'Empire, comme le prétendent certains empressements adulateurs.

L'Empire que ces courtisans rajeunis nous montrent comme une ancre de salut derrière le fantôme des coups d'État, ne serait qu'une dérision. Ce serait l'Empire sans sa raison d'être, sans ses conditions d'existence, et n'ayant pour point d'appui qu'un souvenir et un tombeau !...

Le droit national de la légitimité subsiste donc, puisque la France n'a pas été consultée pour dire si elle entendait se déjuger, en méconnaissant cette délégation héréditaire qu'elle a maintenue pendant huit siècles.

Les révolutionnaires de tous les régimes comprennent, si bien que ce terrain d'attaque s'écroule sous eux, qu'ils tournent leurs batteries contre le principe lui-même, sauf ensuite à insulter de leurs grossièretés le représentant de ce principe et son parti, lorsqu'ils ne savent plus que répondre.

Après s'être laissé duper par ce grand mot de monarchie constitutionnelle et par les révolutionnaires au petit pied qui voulaient s'en faire un marche-pied à leur ambition, les révolutionnaires radicaux eurent de nouveau recours à ce grand mot de République, pour masquer la démagogie d'une idée de gouvernement, au point de le faire admettre dans le langage généralement reçu comme exclusif de la monarchie. Cet antagonisme n'existe pas, car la République n'est pas une forme de gouvernement, puisque ceux qui s'affublent du nom de républicains ne sont nullement d'accord sur cette forme : les uns ne veulent pas de président; les autres le préfèrent, mais ne sont pas d'accord sur la durée de son pouvoir qui, *sous la République hollandaise, était une monarchie héréditaire sous le nom de Stathoudérat;* quelques-uns enfin veulent un conseil des anciens, sans Assemblée nationale, ce qui n'est que le despotisme d'une oligarchie, d'autant plus dangereuse qu'elle est sans contrôle.

La République, par son étymologie, signifiant *chose publique*, n'est autre que la représentation nationale véritablement sauvegardée par l'application logique du suffrage universel, et servant ainsi de sanction aux conditions du progrès et de la liberté. — Or, nous avons vu que la souveraineté nationale fut le berceau même de la monarchie française, preuve éclatante et solennelle que le prétendu droit divin que les révolutionnaires nous jettent comme la dernière ressource de leurs arguments, n'est que le droit national lui-même s'opposant à ce que le droit de la force se substitue à la force du droit.

Si la représentation nationale a presque disparue à certaines époques de la monarchie, c'est que la monarchie, prenant en main les intérêts du peuple et de la bourgeoisie, avait à lutter corps à corps avec la féodalité.

En effet, la féodalité, succession puissante de cette armée de conquérants qui fit la carte de France sous Clodion-le-Chevelu, maintenait ses droits de conquête sur ces fils de vaincus qui, de serfs, allaient devenir avec elle le peuple Français, en constituant la bourgeoisie.

Cette domination était d'autant plus redoutable qu'elle était généralement patriarchale, puisqu'aujourd'hui encore les populations des campagnes trouvent dans les grands propriétaires de la noblesse, un patronage véritablement paternel, et regrettent profondément leur absence dans les manoirs dont les conséquences des révolutions les ont déshérités.

Mais la nationalité et la civilisation, manquant d'unité, sous le règne de ce fédéralisme féodal, auraient bientôt disparues dans les cataclysmes du démembrement et de l'invasion.

Dans cette lutte gigantesque, la monarchie ne pouvait recourir à une représentation nationale, ainsi faussée par cette suprématie de la féodalité. — Il fallait donc alors l'unité de l'absolutisme royal pour assurer l'avenir du triomphe, commencé par les ruses cruelles d'un Louis XI, continué par le génie ambitieux et impitoyable d'un Richelieu, et consommé par les grandeurs du règne de Louis XIV, qui ne pouvait alors rester maître du champ de bataille, qu'en s'écriant : « *L'État, c'est moi.* »

La résurrection de la représentation nationale fut le résultat de cette lutte terrible qui coûta tant de sang, tant de guerres, et l'invasion anglaise écrasée par l'immortelle Jeanne-d'Arc.

La démocratie et la nationalité doivent donc leur salut à la monarchie qui ne fut à la hauteur de cette œuvre colossale que parce qu'elle était de droit national.

La nécessité des temps où s'élaborent péniblement les nationalités fut la seule et inévitable cause de cet interrègne dans l'exercice de la souveraineté de la France.

A toute autre époque, si ce n'est encore aux époques de fermentation révolutionnaire, cet interrègne est impossible, parce que les progrès de la civilisation ont besoin de la souveraineté nationale, afin que le sort d'une nation ne soit pas abandonné aux hasards des révolutions par la nullité d'un crétin ou le despotisme d'un grand génie.

CHAPITRE II.

❧◇❧

C'est parce que la France a besoin de la stabilité du gouvernement par l'hérédité, qu'elle a besoin de l'appuyer, en se garantissant ainsi elle-même contre les conséquences des fautes du pouvoir.

Qu'a-t-on donc à opposer à la légitimité?

C'est ici que nos adversaires, à bout d'arguments, changent encore de stratégie. — Ne pouvant pas nous montrer les nouveaux Etats-généraux dans lesquels la France a formellement refusé cette consécration donnée pendant huit siècles, et par trente-quatre asssemblées générales à l'hérédité monarchique de la légitimité, ils cherchent à persuader à la France que les faits accomplis, sans la consulter, contre cette monarchie séculaire, constituent implicitement une abrogation.

Pour atteindre ce but, l'école sceptique du ties-parti professe cette étrange doctrine, sophisme aveugle et incurable, qu'en reconnaissant la souveraineté nationale, on reconnaît à la nation le droit de changer de gouvernement suivant sa volonté, et qu'une génération n'est pas engagée par celle qui l'a précédée à conserver le pouvoir établi ou reconnu par cette dernière.

Il en résulte que la souveraineté nationale a bien le droit du suicide par la mutation, sans avoir le droit de la conservation par la stabilité.

Quelle est donc en effet dans l'existence traditionnelle d'une nation la minute insaisissable qui sépare une génération qui finit d'une génération qui commence, et pendant laquelle cette souveraineté pourra s'exercer par l'élection d'un nouveau pouvoir?

Quèlle sera la raison d'un changement de gouvernement?

Nos adversaires seraient-ils donc assez dépourvus de patriotisme pour s'imaginer que la majorité d'une nation sacrifie le sien à la sotte vanité de toujours changer uniquement parce qu'elle le peut? Le seul motif qu'elle puisse invoquer, c'est de donner une garantie à ses droits, à ses intérêts, à ses libertés... Mais l'assemblée nationale issue du suffrage universel sincèrement appliqué, est là pour leur donner à tous, pleine et entière satisfaction.

On objecte que le roi, inviolable et irresponsable, peut opposer une résistance obstinée aux volontés de l'assemblée nationale; mais on oublie que, s'il use de son droit de la renvoyer aux électeurs, c'est assurément pour savoir de quel côté penche l'opinion nationale, ce qui constitue déjà un immense élément de garantie.

Si la résistance royale persiste, elle ne trouvera plus de ministère qui consente à s'en rendre l'esclave, en s'exposant aux graves éventualités de sa responsabilité.

La résistance pacifique du refus d'impôt peut se lever ensuite comme un rempart invincible, et l'hérédité monarchique devient une sauvegarde, puisqu'à la derniere extrémité elle est un moyen de recourir à l'abdication, en évitant une crise révolutionnaire.

La circonstance est grave sans doute, mais elle n'est rien auprès d'une révolution radicale, qui remet tout en question en brisant tous les rouages du gouvernement. La perfection n'est ici-bas qu'une utopie, et l'expérience reste seule pour nous rappeler qu'entre deux maux il faut toujours choisir le moindre.

La nation n'a donc aucune raison de changer le chef d'un gouvernement basé sur l'hérédité royale, pour sauvegarder sa souveraineté, puisqu'au contraire cette souveraineté nationale trouve dans l'hérédité monarchique un élément d'existence qu'elle ne trouverait pas dans le principe électif, poussé jusqu'au pouvoir exécutif.

En effet, l'électivité d'un chef, anéantissant tout lien de succession entre l'élu d'aujourd'hui et l'élu de demain, entraîne leur responsabilité individuelle, chacun d'eux n'ayant à rendre compte que de ses actes. Or cette responsabilité personnelle, commune au ministère, peut déterminer un antagonisme déplorable entre le pouvoir exécutif et l'assemblée nationale, tous deux issus du suffrage universel.

Si, dans cette lutte, l'assemblée nationale est victorieuse, le chef du pouvoir n'est plus qu'un jouet, une décoration, un rouage inutile. L'assemblée devient un aréopage d'autant de souverains, et comme l'unité d'exécution manque au milieu de toutes ces ambitions rivales qui s'éveillent, cette représentation nationale n'osant plus et ne voulant plus se retremper par l'élection, cesse de représenter la délégation dont elle était temporairement revêtue, et le pays se retrouve exposé à toutes les éventualités de l'anarchie.

Si, au contraire, le chef électif se maintient au pouvoir à vie, ce qui laisse subsister tous les inconvénients de l'élection, ou héréditairement, ce qui viole l'hérédité, en prétendant la reconstituer, c'est que le pouvoir exécutif aura vaincu la représentation nationale. — C'est alors le despotisme donnant encore une fois raison à la force brutale des révolutions, le pouvoir législatif n'ayant plus la force d'équilibrer le pouvoir de son contrepoids et de son appui.

C'est ainsi que la nation et le pouvoir tendent instinctivement à la stabilité, jusque dans leurs situations anormales, parce que tous deux comprennent que, pendant une durée temporaire, il est impossible de commencer aucune de ces réformes pour lesquelles il faut quelquefois le travail de plusieurs générations. — L'élu d'aujourd'hui apportant ses idées rivales, ne s'occupera qu'à défaire le laborieux enfantement de l'élu de la veille. — Le chef héréditaire, au contraire, a devant lui toute une existence d'homme et ce stimulant si puissant de la paternité, qui lui fait un devoir en même temps qu'un bonheur de transmettre à son fils un pouvoir riche d'avenir et de prospérité.

En brisant les traditions politiques d'une génération à une autre, on donne raison à la logique des utopistes qui veulent anéantir les traditions sociales, en brisant le droit de propriété et l'hérédité de la famille, ce moule primordial de l'hérédité monarchique.

Les fluctuations orageuses sur lesquelles vacille

le sol politique et social de la France, doivent servir d'enseignement à tous ces ex-révolutionnaires que la peur a convertis en fougueux partisans de l'ordre, et qui ne savent plus que réagir despotiquement contre les conséquences des faits accomplis dont ils ont été les fondateurs aux dépens des intérêts populaires.

Partisans quant même du fait accompli en 1830, vous n'avez pas le droit de condamner la révolution de février, parce qu'elle a sur vous l'immense avantage d'avoir été pour la France l'occasion d'une nouvelle reconnaissance de sa souveraineté.

Vous n'avez pas le droit de stigmatiser le socialisme, ni le pouvoir de l'empêcher de passer, parce que les souffrances du peuple, continuant sur la pente révolutionnaire où vous l'avez placé, les utopistes à leur tour peuvent prétendre imposer le remède par le même crime de lèse-nation, que vous avez consommé vous-même il y a 20 ans !

Vous aurez beau maintenir une armée comme en temps de guerre, les canons et les baïonnettes sont impuissants à arrêter la propagande de l'idée ; elle échappe à la force brutale et peut toujours se faire un ardent prosélyte, un aveugle défenseur de chaque soldat qu'on lui oppose, et qui se lasse de n'avoir, pour compensation d'une paix souvent déshonorante, que l'éventualité incessante de la guerre civile.

Vous vous imaginez anéantir l'utopie par une propagande anti-socialiste, que le peuple ne lit ou ne comprend pas, parce que la morale de vos prédications est veuve des principes politiques de la société que vous prétendez défendre.

Vous vous reposez sur la certitude d'un triomphe momentané, mais vous vous réveillerez bien vite en sursaut, parce que les principes constitutifs, que vous persistez à méconnaître, ne sont plus là pour ouvrir les canaux de l'abondance au torrent dévastateur. — C'est ainsi que la nation, condamnée à reconstruire, à chaque génération, des digues sans fondement, menace de disparaître dans les débordements victorieux de l'inondation sociale et dans les cataclysmes d'une perpétuelle instabilité.

Mais si la constitution nationale, consacrée par l'histoire, ne comprend que l'hérédité monarchique elle n'accepte que la monarchie représentative. L'absolutisme, en effet, peut bien être un besoin du moment, après une crise révolutionnaire, mais la civilisation marche toujours, parce qu'elle est le besoin progressif de tous les temps, et la pensée d'un monarque absolu ne suffira jamais à dominer assez le sentiment de son isolement, pour marcher avec la civilisation, quelle que soit d'ailleurs l'élévation de son intelligence.

En résumé, on ne peut revenir à l'absolutisme, qu'il s'appelle démagogie, présidence, empire ou monarchie, parce que ce n'est qu'un expédient du moment, une digue impuissante contre la liberté de la civilisation, qui est éternelle comme étant de droit divin.

On ne peut pas élever le principe électif jusqu'au chef du pouvoir exécutif, parce qu'il faut au pouvoir, comme à la France, toutes les forces de la tradition pour ne pas recommencer à chaque berceau cette progression magnifique de la patrie vers ses destinées.

Il faut donc à la France ce que quatorze siècles lui ont donné, la souveraineté nationale, maintenant ses conditions d'existence, en respectant ses délégations, et s'exerçant par l'application logique du suffrage universel.

Il faut, comme couronnement à cet édifice national, l'hérédité monarchique, appuyée sur le droit même de la France.

Voilà pourquoi nous demandons l'appel à la nation, qui n'a pas été fait; voilà pourquoi, tout en soumettant notre volonté, nous gémirions, dans notre conscience, de voir cet appel se prononcer contre notre principe, convaincu qu'en se déjugeant, la France se suiciderait; voilà pourquoi, enfin, nous consacrons tout ce que nous avons de patriotisme à répéter sans cesse qu'il n'y a de salut que dans l'équilibre de l'ordre, par la stabilité du pouvoir, et de la liberté, par la représentation nationale véritablement mise en pratique et toujours respectée.

Si tous les partisans de ces principes avaient montré le courage de leurs convinctions, en disant à la France, du haut de la tribune de l'Assemblée Nationale et partout ailleurs, en toute occasion, la raison de leur patriotisme, la France n'en serait pas aujourd'hui à se défier de leurs capacités et de leurs opinions, en les voyant s'effacer au milieu de ceux qui n'ont pas plus d'intelligence et qui n'ont pas de principes.

Ne voyant pas à leur poste les pilotes de cette arche de salut qui peut les sauver du naufrage, la grande nation, épouvantée de se sentir ainsi glisser sur le bord de l'abîme, n'en serait pas à se jeter dans de nouveaux expédients, qui ne font que retarder sa ruine sans l'empêcher.

On ne court pas éteindre un incendie avec d'anciens incendiaires déguisés en pompiers, sans leur demander au moins l'abjuration de leur ancien métier.

On ne sauve pas une société en réagissant, en dehors de ses principes politiques, contre un désordre qui n'est que l'argument inexorable d'une démoralisation, dont la source est l'absence même de ces principes constitutifs, et cet état de souffrances populaires, trop longtemps délaissées, sans espérance et sans issue.

Nous avons vu tous les faits accomplis, en dehors du droit national, ne s'approprier les bénéfices du temps qu'en sacrifiant les intérêts du pays et le plus souvent son honneur à l'égoïsme de leur conservation, sans éviter, après quelques années d'existence, l'instant fatal d'une chute retentissante et souvent déshonorée.

C'est qu'il est pour chaque nation une constitution consacrée par les siècles, et qu'on ne peut en violer impunément les principes, sous le faux prétexte d'un progrès, et d'une liberté qui ne peuvent exister qu'en se rattachant par la tradition au progrès et à la liberté de toutes les générations.

Nos adversaires objectent encore que tous les légitimistes ne sont pas d'accord entre eux ; cette accusation n'est pas sérieuse, puisque les légitimistes ne sont hommes de principes que parce qu'ils sont d'accord sur les principes. — Les convictions d'un parti qui s'appuie sur le droit national de la France, ne dépendent pas des différentes nuances d'opinions des hommes de ce parti, comme les doctrines qui, basées sur les faits révolutionnaires, varient avec les évènements qu'elles provoquent et les passions des hommes qui les professent.

De ce que quelques intelligences stationnaires en sont encore au droit divin de la royauté, il ne s'en déduit nullement que la monarchie n'a pas

le droit national pour origine ; ce n'est pas surtout
en se disposant de faire un loyal appel à une nation comme la France, sur le gouvernement
qu'elle entend se donner, qu'on peut en conclure
qu'elle ne veut plus de la légimité consacrée par
huit siècles.

Telle est cependant l'étrange prétention des révolutionnaires qui, voulant toujours faire passer
leur opinion pour l'opinion générale, recon-
naissent bien à la France la faculté de revenir à
l'hérédité monarchique, mais en affirmant ef-
frontément qu'elle ne veut plus de la branche
aînée des Bourbons pour représenter cette hérédité, parce que cette famille est le type d'un système politique complètement en désaccord avec
l'esprit du siècle et les progrès de la civilisation.

Paradoxe impudent auquel nous ne pouvons
mieux répondre qu'avec l'admirable livre d'A-
lexandre Weill, *Le Génie de la Monarchie : « Sur-
gite mortui. »* Levez-vous, ô morts ! levez-vous
rois de France, et dites-nous comment, malgré
les fautes et le règne malheureux de quelques-uns
d'entre vous, la France maintenant, pendant
huit cents ans, le droit national de l'hérédité monarchique, a toujours marché sous le gouvernement de ses rois avec l'esprit de chaque siècle et
les progrès de la civilisation comme de la liberté.

Les annales de l'histoire sont donc encore là
pour prouver que la branche aînée des Bourbons
ne représente pas un système politique *immuable*
qui lui soit propre, ni surtout un système politique antipathique aux volontés de la France.

On osera, peut-être, pousser l'imposture jusqu'à faire surgir le fantôme d'une solidarité per-

manente entre le descendant de cette race de rois et ses prédécesseurs. Mais on oublie que cette nouvelle perfidie serait plus fatale à ses auteurs qu'à ceux qu'on veut atteindre, et que, dans certaine branche cadette, il y a eu sinon la réalité, du moins le stigmate apparent d'une solidarité fatale entre la grande révolution de 93 et l'usurpation de 1830, entre Philippe-Egalité et son propre fils.

Nous n'aurons pas la malheureuse pensée d'accuser la succession d'un pareil héritage, mais si dans la branche ainée des Bourbons il y a eu des fautes de commises, plus souvent par les malheurs des temps et des circonstances fatales que par mauvais vouloir, il n'y a jamais eu, pour un intérêt purement égoïste ou froidement cruel, l'effusion d'une goutte de sang, jamais le sacrifice de l'honneur et de la fortune de la France, ces deux éléments essentiels de la vie d'une nation.

CONCLUSION.

Les lointains rivages de l'exil nous montrent le comte de Chambord comme la réfutation vivante de toutes les impostures.

Le droit national de la France se lève à son tour, l'histoire en main, pour confondre tous les sophismes politiques et toutes les utopies sociales.

Cette magnifique personnification d'un grand principe consacré par 14 siècles de monarchie et 8 siècles d'hérédité, est donc un véritable défi aux adversaires de la légitimité.

C'est devant l'écrasante vérité de cette conclusion qu'il est facile de reconnaître les partis révolutionnaires qui se disputent la souveraineté de la France.

C'est ici que la démagogie et le socialisme, se voyant reconnus aussi puissants à détruire qu'impuissants à fonder, s'efforcent de jeter un dernier défi à la société, en établissant la stratégie de leur propagande effrénée sur la scène désolante des souffrances populaires, pour se créer un jour le triomphe d'une menaçante majorité.

C'est ici que les républicains, n'osant plus avouer leurs illusions et leurs erreurs, s'efforcent de rester sur un terrain mouvant dont ils n'aperçoivent pas le terrible et progressif abaissement vers les abîmes sans fond de l'anarchie sanglante.

C'est ici enfin qu'à bout d'arguments et de sophismes, les mêmes hommes du tiers-parti qui insultaient à la souveraineté nationale, en ne réclamant que l'adjonction des capacités, ce qui rejetait comme des parias tous les citoyens qui n'ont pas le moyen d'obtenir un diplôme de bachelier; — ces mêmes hommes qui, après avoir construit et reconnu le fait révolutionnaire de 1830, lui firent ensuite opposition en vue de ce ridicule élargissement du monopole, d'où sortaient les 221 ; — ces mêmes hommes enfin, forcés tout-à-coup d'accepter le suffrage universel, veulent reconstituer leur échafaudage renversé, en prétendant faire décider la question du pouvoir en France, par l'application plus ou moins faussée de la souveraineté nationale, entre les différents prétendants et le comte de Chambord.

Cette tactique ne manque pas de perfidie,

puisqu'on espère ainsi surprendre la volonté et la bonne foi du pays, en le divisant sur l'arène ardente d'une lutte de partisans.

La question est beaucoup plus franche, car il n'y a que deux principes en présence : le principe électif et le principe héréditaire. — Si la France, loyalement consultée, se prononce pour le pouvoir électif, le choix est à faire entre les divers prétendants, et le comte de Chambord, représentant l'hérédité monarchique, de par le droit national de huit siècles, reste toujours en dehors de cette compétition dans laquelle la France sacrifie son avenir en reniant son passé.

Si, au contraire, la nation se prononce pour l'hérédité, c'est le droit national de nouveau consacré ; il n'y a donc que l'héritier qui ait le droit d'être le chef du gouvernement, et le comte de Chambord redevient de fait ce qu'il est resté de droit national, au sein même de son exil.

Il n'y a donc pas à demander le nom du chef de l'Etat en qui se personnifiera l'hérédité, puisque tout autre nom que celui de l'héritier serait une élection.

Cette nouvelle tactique de nos adversaires n'est donc qu'un piège grossier, triste et décevante récompense de l'union à *priori* de ce prétendu parti de l'ordre dans lequel la majorité des légitimistes parlementaires a cru devoir disparaître en s'éclipsant.

L'expérience a coûté cher, la déception est terrible, puisque la France a continué de se traîner agonisante, épuisée, dans les voies douloureuses de son nouveau Calvaire.

Mais la même illusion qui disait, il y a cinquante ans : « L'empire s'usera, et qui, après 1830, laissait vivre l'usurpation, en répétant :

elle va s'user, prétend aujourd'hui que la république s'use, et redira demain que le prince Louis-Napoléon est usé s'il fait un coup d'état. Il en résulte que les usurpations durent quinze ou vingt ans, en s'usant comme tout ce qui vit dans le monde des faits accomplis en dehors des principes, mais en usant aussi toutes les forces vitales de la patrie.

Hommes de principes dont la mission est de montrer sans cesse à la grande nation le chemin de son salut et de ses destinées, continuerez-vous d'encourir cette complicité désastreuse, cette effrayante responsabilité au service d'une comédie de conciliation dans laquelle vous jouez le rôle de dupes et dont la France est l'enjeu ?

Légitimistes trop effacés dans la Constituante et la Législative, vous avez tout donné, sans jamais rien obtenir, et jusqu'à vous abdiquer vous-même, à cette croisade qui n'était qu'une conspiration contre vous, et quand le danger de la rue est passé, vous voyez ces usurpateurs des droits de la nation qui, naguère, prêchaient avec un langage doucereux l'union de tous les hommes d'ordre, refuser aujourd'hui par les insultes et les attaques de leurs journaux, l'abandon de leurs funestes erreurs en retour d'un accueil plein d'oubli pour le passé.

Mais quand on n'a jamais su élever sa mission de journaliste jusqu'à l'amour de la patrie ; — Quand on n'a fait de cette responsabilité si grave qu'une question de boutique et de spéculation ; — Quand on n'a fait de la politique que pour encenser l'usurpation du droit national, la confiscation progressive de la liberté, la prospérité toujours croissante en face la ruine de nos finances, et l'entente cordiale en face les hontes de Taïti ;

— Quand, enfin, on s'est efforcé d'abâtardir la société avec les dégoûtantes immoralités du roman-feuilleton, et de justifier la corruption politique, on n'a plus même le courage d'avouer ses erreurs et de les abjurer, on n'a plus que l'énergie de la peur quand sonne l'heure d'une nouvelle crise sociale.

Malheureux endurcis, chez qui l'orgueil a remplacé le patriotisme, vous sacrifierez donc ainsi, jusqu'à la ruine, votre pays à l'obstination insensée de votre impénitence politique. — Vous ne redoutez donc pas cette justice de l'histoire qui survit à la tombe, et cet avenir de malheur, abîme sans espérance, dans lequel vous vous engloutirez avez la France.

Egarés, indifférents ou sceptiques, dont nous sollicitons le retour sincère à cette vérité politique qui peut seule sauver la patrie, voulez-vous donc encourir cette responsabilité terrible qui retombera sur vos têtes coupables, et sera l'éternel deshonneur de cette politique d'expédients avec laquelle, de révolution en révolution, vous avez étouffé la grande voix de la France pour aboutir à la honte, aux tempêtes et à la ruine!

F I N.

Pour paraître prochainement :

—

ESSAI

SUR

L'INDIFFÉRENCE EN MATIÈRE POLITIQUE

PAR ANGE DES URSINS.

———

Du même Auteur :

—

LA VÉRITÉ PRATIQUE

DE

LA REPRÉSENTATION NATIONALE

PAR

l'application logique du suffrage universel.

———

Paris. — Imp. J.-B. Gros, rue du Foin-Saint-Jacques, 18.